作って遊ぼう！
参観日の親子遊び

チャイルド本社

作って遊ぼう！参観日の親子遊び

もくじ

- 5　この本の使い方
- 6　参観日の親子遊び 成功のツボ①　準備編

5歳児の親子遊び

- 8　バンザイアニマル輪投げ
- 10　リサイクル素材で大ドミノ倒し
- 12　お城のカタコトゴール
- 14　紙皿バドミントン
- 16　ロビンフッドまと当て
- 18　手つなぎモンキー
- 20　はじいてドキドキ弾キャッチ
- 22　飛べ！ビュンビュンロケット
- 24　空気砲で得点ゲット！
- 25　得点シュートゲーム
- 26　ドキドキカウボーイ
- 27　クロス de リングキャッチ
- 28　レッツゴー くまさん列車
- 29　風船パタパタゴール

30 　参観日の親子遊び 成功のツボ②　作る編

4歳児の親子遊び

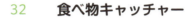

- 32　食べ物キャッチャー
- 34　新聞紙のからだ輪投げ
- 36　風船パックンかえる
- 38　ゆらゆらくらげキャッチ
- 40　お絵描きロケット
- 42　進め！ コロコロレース
- 44　ごちそうディスク
- 46　落とすなパタパタ
- 48　３並べカップ
- 49　スイスイ新幹線
- 50　フルーツペッタンダーツ
- 51　牛乳パックホッケー
- 52　たこちゃんポンポン
- 53　パックン☆キャッチボール

54 　参観日の親子遊び 成功のツボ③　遊ぶ編

3歳児の親子遊び

56	ドキドキドライブ
58	アイスクリームキャッチ
60	ふんわりフライングディスク
62	いろいろパンチボール
64	ゆらゆらペッタンゲーム
65	うなずきアニマル
66	ペタペタペンギン散歩
67	おそろいTシャツ探し
68	ウキウキ絵合わせ
69	おなかでキャッチ玉入れ
70	うさぎさんパクパク散歩
71	ペタペタドーナツやさん

この本の使い方

「作る」「遊ぶ」の2ステップで楽しむ、親子遊びのアイデア集です。まずは親子でかんたんな製作を行い それを使ってたっぷり遊びます。
親と子でコミュニケーションをとって楽しめる、充実した時間を演出しましょう。

作る

親子で作る製作物を、写真やイラストで わかりやすく紹介。話し合いながら 作ったり、子どもの個性をいかしたりと 参観日ならではの製作を楽しめます。

対象年齢

作り方や遊びのポイント

遊ぶ

製作物を使っての遊び方を紹介。難しいルールは不要のシンプルで ゆかいな遊びばかりなので 親子やグループで遊びの発展も 期待できます。

参観日の親子遊び
成功のツボ①　準備編

場作り・説明・時間配分の準備で当日の運営をスムーズに

参観日はなにかと慌ただしく、活動を思うように進めるのは難しいもの。当日スムーズに進行するために、準備しておきたいポイントを紹介します。

3つの「場」作りで流れを円滑に

迎える場
来園した保護者が困らないよう、どこにいればよいかをわかりやすく示します。

作る場
作業がしやすいよう十分なスペースの確保を。ほかの親子の様子を見たり話したりできる、ほどよい広さを心がけます。

遊ぶ場
動線を意識するのがポイント。製作物を飛ばしたりキャッチしたりする遊びでは方向を決めておくなど、危険のないように配慮しましょう。

作り方の説明はわかりやすさを意識して

手順などの説明を細かく区切りすぎると、わかりにくいうえ待ち時間が増えることも。理解しやすい説明のしかたを考えておきましょう。製作物は、遠くの人にもわかりやすいよう拡大版を作ると親切です。

時間配分はしっかり計画

活動時間が少ないと物足りなく感じられ、待ち時間が長いと散漫な印象に。全体の時間をどのように使うか、シミュレーションをしておきましょう。

成功のツボ②は30ページへ

うまく輪を投げられるかな？
バンザイアニマル輪投げ

案・製作●あかまあきこ

それ〜っ

入ったよ☆

手の角度を
上向きに調節して
成功率アップ！

5歳児

作る

バンザイアニマル

材料 ペットボトル、色画用紙、曲がるストロー、ビニールテープ、キラキラした折り紙

- 色画用紙 描く
- 色画用紙 描く
- 貼る
- 水を入れたペットボトル
- 曲がるストローをビニールテープで貼り付ける
- 巻いて貼る
- 色画用紙にキラキラした折り紙を貼る

カラー輪

材料 お花紙

- セロハンテープでつなぐ
- お花紙をねじる

遊ぶ

並べたバンザイアニマルを狙って、カラー輪を投げます。顔や手に輪がかかれば大当たり！親子や友達同士で競っても盛り上がります。

▼ そーっと並べて勢いよく倒そう！
リサイクル素材で大ドミノ倒し

案・製作●立花愛子

途中に空き箱で段差をつけると盛り上がる！

全部倒れるかな？

2 ついっぺんに倒すタイプを入れて2列にしても

5歳児

いろいろドミノ

材料 ペットボトル、色画用紙、ビニールテープ、厚紙、紙皿、洗濯ばさみ、牛乳パック、割り箸、カラー布クラフトテープ、空き箱（段差用）

作る

- **ペットボトル** — 色画用紙やビニールテープで飾る／蓋に厚紙を貼って立たせる
- **紙皿** — 好きな絵や柄を描く／洗濯ばさみで立たせる
- 紙皿の裏に割り箸を貼る
- **牛乳パック** — カラー布クラフトテープでしっかり貼る／洗濯ばさみで立たせる

そーっと置かなきゃ…

遊ぶ

親子でドミノ作りを楽しんだら、みんなで並べていきます。最初は1列で並べ始め、途中から幅を広くすると倒したときに迫力が出ます。ドミノとドミノの間は狭めにするのがポイント。

やった〜パーフェクト！

▼ シンプルだけど何度遊んでも楽しい
お城のカタコトゴール

案・製作●アトリエ自遊楽校 渡辺リカ

坂は仮留めして角度を調節しながら作るとスムーズ

お城ゴール

材料 牛乳パック、色画用紙、画用紙、紙コップ、丸シール、ビー玉

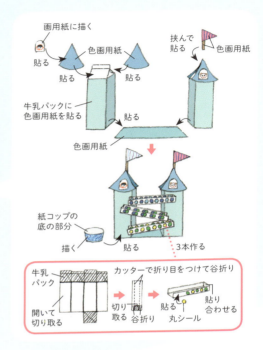

遊ぶ

高いところから…

一緒に落とそう

レールにビー玉を転がし、ゴールに入れます。勢いが強すぎると、レールやゴールから飛び出してしまうことも。力やスピードを加減しながら楽しみましょう。ビー玉は高いところから落としたり、いくつかを一度に転がしたりしてもおもしろい！

紙皿バドミントン

柄がなく手に近い感覚なので、コントロールしやすい！

案・製作●山下きみよ

作る

紙皿ラケット
材料 紙皿、色画用紙、折り紙

- 紙皿
- 折り紙や色画用紙を貼る
- 描く
- 裏側に色画用紙を貼る

シャトル
材料 ポリ袋、お花紙

- ポリ袋
- 油性ペンで塗る
- 丸めたお花紙を入れる
- セロハンテープを巻く

箱形の弓をかまえたら、気分はロビンフッド

ロビンフッドまと当て

案・製作●山下きみよ

がんばれ～

作る

ボックスボウ

材料 お菓子の空き箱、色画用紙、画用紙、クリップ、輪ゴム

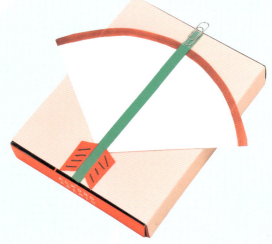

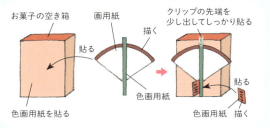

お菓子の空き箱 / 貼る / 色画用紙を貼る / 画用紙 / 描く / 色画用紙 / クリップの先端を少し出してしっかり貼る / 貼る / 色画用紙 / 描く

まと

材料 画用紙

画用紙を2つに折る / 好きな物を描く

5歳児

ロボットに当たったよ!!

よ～く狙って…

輪ゴムは箱の端まで引っ張ると、飛びやすくなり、安全に遊べます。

遊ぶ

片手でボックスボウを持ち、反対の手でクリップに引っ掛けた輪ゴムをしっかり引いて飛ばします。まとに好きな物を描くと、やる気もさらにアップ!

ゆらゆら揺れるモンキーに、子どもたちは大興奮！

手つなぎモンキー

案・製作●山下きみよ

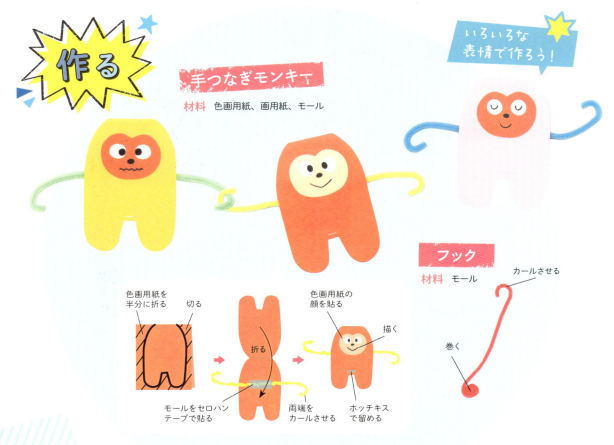

作る

手つなぎモンキー

材料　色画用紙、画用紙、モール

いろいろな表情で作ろう！

フック

材料　モール

- 色画用紙を半分に折る
- 切る
- 折る
- モールをセロハンテープで貼る
- 両端をカールさせる
- 色画用紙の顔を貼る
- 描く
- ホッチキスで留める
- カールさせる
- 巻く

かわいくできたよ

洗濯ばさみのばねをいかした、技あり発射台を使って

はじいてドキドキ弾(たま)キャッチ

案・製作●立花愛子

ペタ！

作る

発射台

材料 割り箸、洗濯ばさみ、ビニールテープ、ペットボトルの蓋

- 割り箸は割らずに使う
- 洗濯ばさみ
- 先が開くようにビニールテープで巻いて固定する
- ペットボトルの蓋
- 貼る

キャッチャー

材料 広告紙、ポリ袋、ビニールテープ

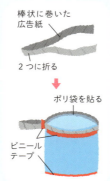

- 棒状に巻いた広告紙
- 2つに折る
- ポリ袋を貼る
- ビニールテープ

弾

材料 ティッシュペーパー、ビニールテープ

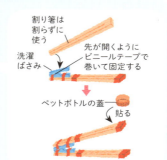

丸めたティッシュペーパーにビニールテープを巻く

5歳児

狙いを定めて…
割り箸をはじいて
弾を発射！

それっ！

その調子！

落ちてきた弾を
すくうように
キャッチ！

レジ袋をスズラン
テープで腰に巻き、
弾入れにしても

遊ぶ

発射台に貼ったペットボトルの蓋に、弾をセット。割り箸をグッと下に押し、はじいた勢いで跳ばした弾をキャッチャーで捕ります。割り箸を押す力やはじく速さで飛距離が変わり、より楽しめます。

上の割り箸をしっかり押し下げ、洗濯ばさみの先を開くのがうまく跳ばすポイント。

勢いよく飛ぶから何度も遊びたくなる！

飛べ！ビュンビュンロケット

案・製作●アトリエ自遊楽校 渡辺リカ

飛んだね！

ビュ〜ン！

輪ゴムはしっかり引いてパッと離すと◎

作る

ビュンビュンロケット
材料 トイレットペーパー芯、色画用紙

発射台
材料 新聞紙、ビニールテープ、ストロー、輪ゴム

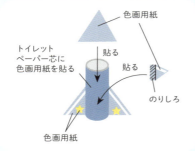

色画用紙
トイレットペーパー芯に色画用紙を貼る
貼る
貼る
のりしろ
色画用紙

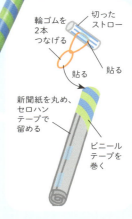

輪ゴムを2本つなげる
切ったストロー
貼る
貼る
新聞紙を丸め、セロハンテープで留める
ビニールテープを巻く

見ててね

ロケットに発射台を通します。ストローに引っかけるようにしてロケットを手前に引くことで輪ゴムを伸ばし、離して勢いよく飛ばします。

遊ぶ

発射台からロケットを飛ばします。遠くや上向きに飛ばすほか、枠内に着地するよう狙うなどコントロールを競って遊んでも盛り上がります。

すごいでしょ

遊ぶ

いけ〜

段ボール箱の両サイドを強くたたき、穴から出る空気の勢いで、逆さに置いたまとボトルを倒して遊びます。倒れにくい大きい物は高得点にすると盛り上がります。

箱の両側を強くたたいて空気砲を発射!!

バフ〜!

見えない空気の勢いで競う
不思議で楽しいゲーム

空気砲で得点ゲット！

案・製作●岩立直子

作る

空気砲＆まとボトル

材料　小さめの段ボール箱、カラークラフトテープ、ペットボトル、色画用紙

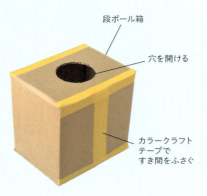

段ボール箱
穴を開ける
カラークラフトテープですき間をふさぐ

ペットボトル
50
100
色画用紙に点数を書く

遊ぶ

何組かの親子で協力して得点バスケットを作り、羽根をシュートして遊びます。子ども同士や親子対抗で点数を競うほか、ほかのグループと対戦しても盛り上がります。

5歳児

みんなで作って、みんなで遊べる！
得点シュートゲーム

案・製作●いまいみさ

作る

得点バスケット

材料　段ボール板、牛乳パック、色画用紙、折り紙

色画用紙に描く
牛乳パックを切る
貼る
色画用紙を貼る
パンチで抜いた折り紙
貼る
段ボール板

羽根

材料　両面折り紙、ティッシュペーパー、キラキラしたテープ

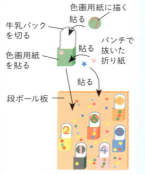

キラキラしたテープを巻く

両面折り紙で丸めたティッシュペーパーを包む

25

ひも付きの輪を投げて牛をキャッチ

ドキドキカウボーイ

案・製作●山下きみよ

遊ぶ

たこ糸はゆっくり水平に引くと◎

それっ！

牛乳パックで作ったモーモー牛を、輪投げの要領でキャッチ！たこ糸をゆっくり引いて、倒さないように手元まで運びましょう。

作る

モーモー牛

材料　牛乳パック、色画用紙、画用紙

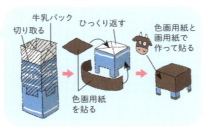

牛乳パック切り取る　ひっくり返す　色画用紙と画用紙で作って貼る　色画用紙を貼る

投げ輪

材料　モール、たこ糸

モール2本を貼りつなげて輪にする

たこ糸を結び付ける

投げるのも受けるのも楽しい輪投げ

クロス de リングキャッチ

案・製作●岩立直子

まかせて！

いくよ～

遊ぶ

投げられたリングを十字形のスティックでキャッチ！ 離れた距離から投げ合うほか、リングを高く投げ上げたりしても盛り上がります。

作る

クロス＆リング

材料　新聞紙、ビニールテープ

新聞紙を横に細く巻く

輪にしてビニールテープで巻く

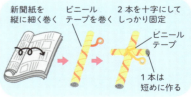

新聞紙を縦に細く巻く　ビニールテープを巻く　2本を十字にしてしっかり固定

ビニールテープ

1本は短めに作る

親子で作ったくまさんを乗せて出発!

レッツゴー くまさん列車

案・製作●山下きみよ

ロープを
たるませないのが
ポイント!

遊ぶ

ロープを輪にし、電車ごっこの要領で子どもが前、保護者が後ろに入ります。くまを落とさないように走り、ゴールを目指します。

作る

くまさん

材料 カラーポリ袋、輪ゴム、色画用紙、画用紙

色画用紙 → 切り込みを入れ重ねて貼り合わせる

カラーポリ袋を膨らませる

押さえて貼る

輪ゴムで縛る

貼る

色画用紙や画用紙

貼る

袋の端を折ってセロハンテープで留める

色画用紙

風船パタパタゴール

案・製作●山本省三

5歳児

遊ぶ

カラフルゴールの外に風船を5つ置き、うちわであおいで中に入れて遊びます。風船の不安定な動きにハラハラドキドキ！チーム対抗で、どちらが早く入れられるかを競っても盛り上がります。

作る

製作がシンプルだから、その分長く遊べる！

カラフルゴール

材料　色画用紙

細長く切った色画用紙をつなげて輪にする

好きな色を選ぶのも楽しい！

参観日の親子遊び
成功のツボ②
作る編

親子の気持ちを盛り上げて製作をもっと楽しく

遊びアイテム作りは、親子で共同作業ができる貴重な機会です。参加者みんなが楽しく製作に取り組むために必要な配慮とは？

親と子、両方の「いいところ」を引き出す

ちょっと難しい製作物も保護者が一緒だからこそ作ることができ、子どもは「すごい！」と尊敬のまなざしに。また、子どもが個性を発揮して自由に作ることで、保護者もうれしい気持ちに。親も子もいいところが引き出せるようにしましょう。

魅力的な導入でワクワク感を演出

完成した製作物でデモンストレーションをしたり、見本でしくみを示しつつ「これは一例なので、楽しく自由に作ってくださいね」と伝えたりして、参加者が「やってみたい！」とワクワクする演出を。

テンションが下がってしまうロスタイムはNG

順番待ちで時間のロスがおきると、参加者のテンションもダウン。特別な道具を使う工程はできるだけ避け、道具や材料は豊富に用意しておきましょう。

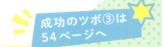

成功のツボ③は54ページへ

キャンディーを
キャッチ！

次はなにに
しようかな…

パコッ

紙コップで
食べ物をキャッチ！

牛乳パックで作ったまとをキャッチャーでパコッ！

食べ物キャッチャー

案・製作●尾田芳子

4歳児

★ 遊ぶ

キャッチャーの紙コップをパコッとかぶせて食べ物まとを取ったら、保護者が持つトレーに載せます。制限時間内にどれだけ取れるか、複数の親子で競っても楽しめます。

食べ物まと

材料 牛乳パック

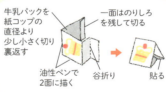

牛乳パックを紙コップの直径より少し小さく切り裏返す → 油性ペンで2面に描く → 一面はのりしろを残して切る → 谷折り → 貼る

キャッチャー&トレー

材料 紙コップ、ラップ芯または新聞紙、布クラフトテープ、ビニールテープ、段ボール板、色画用紙、丸シール

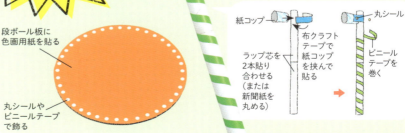

紙コップ／ラップ芯を2本貼り合わせる（または新聞紙を丸める）／布クラフトテープで紙コップを挟んで貼る／丸シール／ビニールテープを巻く

★ 作る

段ボール板に色画用紙を貼る

丸シールやビニールテープで飾る

保護者の頭や手をまとにするから盛り上がる！

新聞紙の からだ輪投げ

案・製作●立花愛子

投げ輪の届く位置に合わせて体を調整

うまいぞ！

作る

投げ輪

材料 新聞紙、ビニールテープ

新聞紙1枚を輪にする

新聞紙2枚をつなげて輪にする

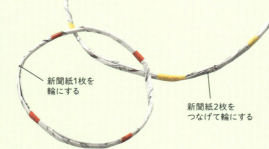

新聞紙 → 斜めに丸める → 輪にする → ビニールテープを貼る

三角帽子

材料 色画用紙、ゴムひも

半円に切った色画用紙を丸め、ゴムひもを貼る

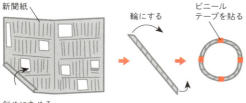

思い思いのパックンかえるを作って挑戦

風船パックンかえる

案・製作●宮地明子

作る

パックンかえる

材料 カラーポリ袋、カラー工作用紙、画用紙、輪ゴム、色画用紙、丸シール、ビニールテープ

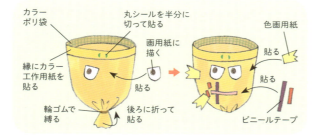

遊ぶ

保護者が投げた風船を、パックンかえるでキャッチします。かえるに空気を入れた状態でかまえ、風船が来たら少し持ち上げるようにするのが、うまくいくポイント。慣れたら親子で交代して遊びましょう。

4歳児

ゆらゆらくらげ
材料 レジ袋、アルミホイル

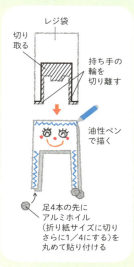

レジ袋
切り取る
持ち手の輪を切り離す
油性ペンで描く
足4本の先にアルミホイル（折り紙サイズに切りさらに1/4にする）を丸めて貼り付ける

キャッチ棒
材料 新聞紙、ビニールテープ

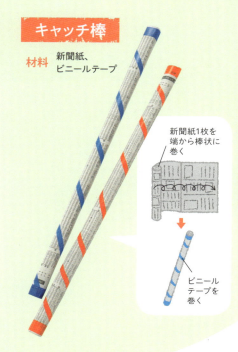

新聞紙1枚を端から棒状に巻く
ビニールテープを巻く

遊ぶ

風をはらみながらゆらゆらと落ちてくるくらげを、棒を使ってキャッチします。保護者が高い位置から落としたり、棒から放って相手にパスしたり、ひとりでパス＆キャッチするなど、体勢をいろいろ変えて遊べます。

上から落とす

棒から棒へパス

その場でパス＆キャッチ

2枚つないだポリ袋に親子でお絵描き
お絵描きロケット

案・製作●岩立直子

作る

カラーポリ袋、底を切る

カラー布クラフトテープで内側と外側から貼りつなげる

油性ペンで描く

スズランテープを貼る／空気を入れて膨らませ、輪ゴムで口をしばる

お絵描きロケット

材料 カラーポリ袋、カラー布クラフトテープ、輪ゴム、スズランテープ

遊ぶ

親子で力を合わせて、ロケットを飛ばします。風下に向かって上に投げるように手を離すのがポイント。空気が抜けてきたら、輪ゴムを外して入れ直しましょう。

風に乗ると遠くまでスーッと飛ぶ！

せ〜の！

親子で息を合わせてビー玉を転がそう！

進め！コロコロレース

案・製作●アトリエ自遊楽校 渡辺リカ

作る

コロコロレース

材料 牛乳パック、色画用紙、ビニールテープ、丸シール、ビー玉

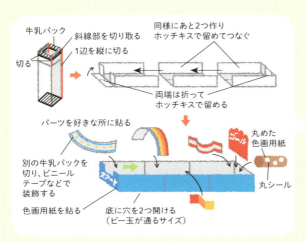

- 牛乳パック
- 切る
- 斜線部を切り取る
- 1辺を縦に切る
- 同様にあと2つ作りホッチキスで留めてつなぐ
- 両端は折ってホッチキスで留める
- パーツを好きな所に貼る
- 別の牛乳パックを切り、ビニールテープなどで装飾する
- 色画用紙を貼る
- 底に穴を2つ開ける（ビー玉が通るサイズ）
- 丸めた色画用紙
- 丸シール

トンネル・壁・穴など、親子で相談して作ろう

遊ぶ

親子で相談しながら、坂やトンネル、壁を設けて、オリジナルのコースを作ります。ビー玉を入れ、穴に落ちないように気をつけながら、ゴールまで転がしましょう。

バリエーションいろいろ！

食いしん坊のぶたちゃんが大きな口を開けて待っている！
ごちそうディスク

案・製作●山下きみよ

あ～ん

シュッ！

食いしん坊ぶたちゃんは保育者が準備

遊ぶ

食いしん坊ぶたちゃんに、食べ物をあげるゲームです。少し離れた位置から、ぶたちゃんの口を目がけてごちそうディスクを飛ばします。投げたディスクがほかの子どもに当たらないように配慮しましょう。

バナナをどうぞ♪

投げるときは手首のスナップをきかせて

4歳児

作る

ごちそうディスク

材料　紙皿

紙皿の表面に絵を描く

切り込みを入れる

1.5cmくらい重ねて貼り、円すい形にする

外側に折る

紙皿の裏面に描く

切り込みを入れて折る

食いしん坊ぶたちゃん

材料　段ボール箱、段ボール板、色画用紙、画用紙、カラーポリ袋

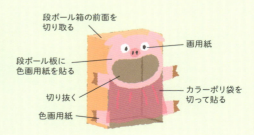

段ボール箱の前面を切り取る
画用紙
段ボール板に色画用紙を貼る
切り抜く
カラーポリ袋を切って貼る
色画用紙

作る

親子で1本ずつ作ろう！

パタパタうちわ

材料 うちわ、色画用紙、画用紙、丸シール

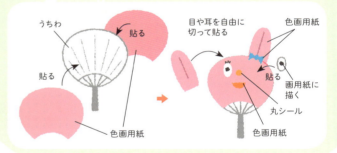

複数の親子ペアで遊ぶと、ラリーが続きやすい！

遊ぶ

パタパタうちわで、風船をたたいたりあおいだりして飛ばします。慣れたら、親子やグループでラリーにチャレンジ！ 屋外で遊ぶと、風があるので難易度がアップします。

4歳児

○×ゲームの要領で遊ぶゲームにチャレンジ！

3並べカップ

案・製作●あかまあきこ

子どもと保護者が交代で、カップこまを1つずつ、ますの中に置いていきます。先に縦か横、斜めに3つ直線で並べられた方の勝ち！ ちょっと難しいルールも、保護者と一緒なら楽しめます。

先に3つ揃ったら勝ち！

作る

ゲーム盤
材料 ティッシュ箱、色画用紙

- 3×3のます目を描いた色画用紙を貼る
- ティッシュ箱を2つ貼り合わせる（取り出し口を下にする）
- 色画用紙

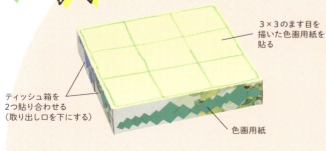

カップこま
材料 紙コップ、折り紙

- 紙コップ
- 折り紙を貼る

遊ぶ

親子でたこ糸の両端を持って向かい合います。1人がたこ糸を開くと、新幹線が相手側に進みます。交互に新幹線を進ませて遊びます。

4歳児

新幹線がこっちに来た！
たこ糸を広げると進むよ
スイ〜
折り返しま〜す

▼ ひもの両端を持って、開いたり閉じたり

スイスイ新幹線

案・製作●山下きみよ

作る

スイスイ新幹線

材料 画用紙、ストロー、たこ糸

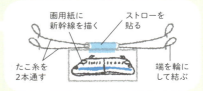

画用紙に新幹線を描く
ストローを貼る
たこ糸を2本通す
端を輪にして結ぶ

好きなフルーツを目がけ、ダーツ矢を投げます。まとは図書フィルムでコーティングすれば、矢を外して何度も遊べます。

遊ぶ

がんばれ！

りんごに当てたい！

どこに当たってもうれしい♪
フルーツペッタンダーツ

案・製作●山本省三

フルーツまと
材料 段ボール板、色画用紙、図書フィルム

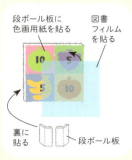

段ボール板に色画用紙を貼る
図書フィルムを貼る
裏に貼る
段ボール板

ダーツ矢
材料 ティッシュペーパー、スズランテープ、両面テープ

スズランテープでティッシュペーパーを包む
両面テープを貼る
セロハンテープを巻く

ゴールを狙って、スティックでパックを打ちます。子どもが打つことに慣れてきたら、保護者からパスを出してみましょう。制限時間内ですべてシュートできるかなど、協力してできるゲームにも発展させることができます。

シュートの楽しさを存分に味わえる
牛乳パックホッケー

案・製作●いまいみさ

スティック&パック

材料 牛乳パック、新聞紙、ビニールテープ、キラキラしたテープ、折り紙、色画用紙、丸シール

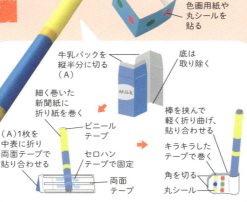

- 牛乳パックを縦半分に切る（A）
- 細く巻いた新聞紙に折り紙を巻く
- （A）1枚を中表に折り両面テープで貼り合わせる
- ビニールテープ
- セロハンテープで固定
- 両面テープ
- 底は取り除く
- 棒を挟んで軽く折り曲げ、貼り合わせる
- キラキラしたテープで巻く
- 角を切る
- 丸シール

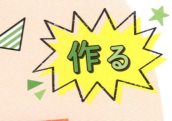

- 牛乳パックを切る
- 色画用紙や丸シールを貼る

ゴール

材料 ティッシュ箱、色画用紙、キラキラしたテープ

- ティッシュ箱を貼り合わせる
- 色画用紙やキラキラしたテープを貼る

カラフルなたこちゃんをシュート！

たこちゃんポンポン

案・製作●山下きみよ

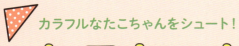

遊ぶ

たこちゃんを、たこつぼに入るようポンポンと投げて遊びます。慣れたら、距離を広げていったり、上に放るように投げたり、投げる役を交代したりと、アレンジして楽しみましょう。

それっ

赤あった！

友達が作ったたこちゃんと交ぜて色合わせゲームも！

作る

たこちゃん

材料 カラーポリ袋、新聞紙、画用紙

- 切ったカラーポリ袋で丸めた新聞紙を包む
- 画用紙を貼る
- 描く
- セロハンテープで留める

同じ色で4〜5個作ろう

たこつぼ

材料 空き箱、色画用紙

- 空き箱
- 色画用紙を貼る

参観日の親子遊び
成功のツボ③
遊ぶ編

「かかわり」をサポートして 心も満足の遊びタイムに

アイテムができたら、いよいよ遊びがスタート！
親子遊びが充実する、とっておきのスパイスを紹介します。

手持ちぶさたを見逃さないで

遊びが停滞している親子には、援助の声かけを。子どもとのかかわり方がわからない場合は遊びのヒントを、遊びに飽きた場合はバリエーションを提案するなど、手持ちぶさたになっている理由を考え、対応するのがポイント。

スキンシップをプラス

遊びのなかに、おんぶ、だっこ、頭をなでる、ほっぺをくっつけるといったスキンシップを取り入れてみましょう。子どももうれしく、保護者にスキンシップの良さを再確認してもらうきっかけにも。

ほかの親子とも 積極的にかかわりを

親と子はもちろん、ほかの親子とかかわる機会も積極的につくりましょう。2組の親子で、親チームvs子どもチームで競うなど、複数の親子で遊ぶとより楽しく、距離もぐっと縮まります。子ども全員と親全員でチームになってもおもしろい！

坂で転ばずにドライブできるかな？
ドキドキドライブ
案・製作●山下きみよ

コースの途中に坂を作るとスリル満点！

自動車に家族人形を乗せて、ゆっくりとひもを引っぱります。折り目をつけた色画用紙の坂を、人形を落とさずに越えられるかにも挑戦！友達と競争しても盛り上がります。

遊ぶ

作る

ママを描いたよ

自動車＆家族人形

材料　色画用紙、たこ糸、画用紙

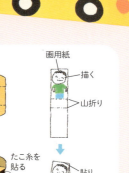

3歳児

▼ 抱えるほどの大きさに子どもたちも大喜び
アイスクリームキャッチ

案・製作●尾田芳子

おいしそう♥

作る

膨らませて…

シールをペタリ

コーンを作って…

アイスができた！

アイス風船
材料　風船、ビニールテープ、丸シール

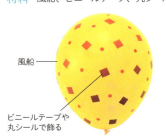
風船
ビニールテープや丸シールで飾る

コーン
材料　色画用紙

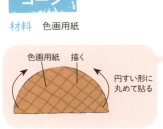
色画用紙　描く　円すい形に丸めて貼る

遊ぶ

3歳児

子どもが投げたアイス風船を保護者がコーンで受け、アイスクリームを完成させます。風船を思い通りに投げるのは意外と難しいので、チャレンジする楽しさも味わえます。

はいっ

こっちこっち！

新聞紙が華麗に変身！

ふんわり フライングディスク

案・製作●いまいみさ

飛ばすと、ふわっと舞うフライングディスク。手首のスナップをきかせ、上に投げるようにして飛ばします。力を入れすぎないのがうまくいくポイントです。

遊ぶ

ぼくの顔作ろっ

作る

ふんわりディスク

材料　新聞紙、色画用紙、折り紙

新聞紙
四隅から丸め形を整える
裏返す
色画用紙や折り紙などで飾る

見開き1枚
折る
切って正方形にする

いろいろな遊び方で体をしっかり使って楽しめる
いろいろパンチボール

案・製作●木村 研

遊ぶ

パンチボールの丸い形とゴムの弾性をいかし、パンチをしたりぶら下げたりして遊びます。安全のため、ゴムは伸ばしすぎないようにしましょう。

保護者の手足に引っ掛けてパンチボールに

高い位置で
ぶら下げて
ジャンプタッチ

紙テープの
手を付けて
お散歩

作る

パンチボール

材料 レジ袋、新聞紙、輪ゴム

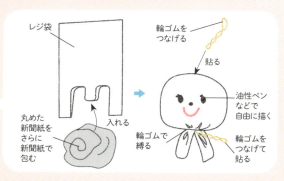

レジ袋

丸めた新聞紙をさらに新聞紙で包む

入れる

輪ゴムをつなげる

貼る

油性ペンなどで自由に描く

輪ゴムで縛る

輪ゴムをつなげて貼る

3歳児

釣れるとすご〜くうれしい!
ゆらゆらペッタンゲーム

案・製作●山下きみよ

 遊ぶ

ペッタンさおの先に、輪にしたクラフトテープを貼り、まとにくっつけて釣り上げます。

作る

やった〜大成功!

ペッタン

ペッタンさお&まと

材料　新聞紙、ビニールテープ、紙テープ、牛乳パック、クラフトテープ、ストロー、ペットボトル

- 紙テープ
- 新聞紙を巻く
- 牛乳パック
- ビニールテープを巻く
- 輪にしたクラフトテープ

- 切った牛乳パックを白い面を外にして折る
- 角を切り落とす
- 両面に描く
- ストローを挟んで貼る

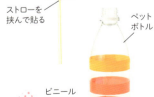

- ペットボトル
- ビニールテープを貼る

うなずくたびに鈴が鳴るかわいい友達
うなずきアニマル

案・製作●アトリエ自遊楽校 渡辺リカ

3歳児

作る

うなずきアニマル

材料 牛乳パック、鈴、色画用紙、ビニールテープ、丸シール、柄入り折り紙

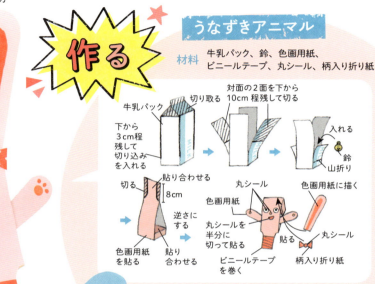

前後に振るとうなずくように動く!

アレンジ次第でいろいろな動物に

りんごは好きですか?

はい!

遊ぶ

うなずきアニマルを持ち、親子で会話を楽しみます。質問やクイズなど「うなずき」が引き出せる内容なら、より楽しめます。

ヨチヨチ歩きの保護者をリード!
ペタペタペンギン散歩

案・製作●山本省三

作る

ペンギンセット

材料 色画用紙、画用紙、輪ゴム

- 色画用紙
- 輪ゴム
- 色画用紙
- 画用紙
- 貼る
- 折り曲げてホッチキスで留める
- 描く
- 色画用紙
- 輪ゴムを2本つなげる
- 色画用紙で挟んでホッチキスで留め、土台に貼る

※ペンギンセットは大・小2組作ります。

待って待って〜

こっちですよ〜!

遊ぶ

親子でペンギンに変身したら、手をつないで散歩します。その際、保護者は足の間にボールを挟んでヨチヨチ歩きに。ボールを落とさないよう、息を合わせて進みましょう。

おそろいTシャツ探し

同じ絵柄、見つかるかな?

案・製作●山本省三

3歳児

作る

おそろいTシャツ

材料 色画用紙

- 色画用紙をTシャツ形(大・小)に切る
- 同じ絵柄を描く

遊ぶ

同じ模様のTシャツを大小5〜6組作ったらシャッフルして並べ、ペアを探します。見つかったら親子で体に当て、ファッションショーを楽しんでも。

どこかな〜?

ウキウキ絵合わせ

塗り絵もパズルも楽しめる

案・製作●まーぶる

画用紙に絵柄を描き、色を塗る

絵合わせ塗り絵

материал 画用紙

絵柄を描いた画用紙に色を塗ります。塗り終えたら4つにカットし、バラバラにしてパズルを楽しみます。

▼ 息を合わせてコンビプレー

おなかでキャッチ玉入れ

案・製作●岩立直子

おなかバスケットを目がけ、ボールをポーン！ 保護者は体の位置を調整してゴールをアシストします。慣れたら離れた位置から投げてもよいでしょう。

おなかバスケット

材料 ティッシュ箱、レジ袋、色画用紙、厚紙、布クラフトテープ

- ティッシュ箱の上下面を切り、2つ貼り合わせる
- 貼る
- レジ袋の上部を切り取る
- 色画用紙に描いて貼る
- 厚紙に布クラフトテープを巻いてベルトにする
- 布クラフトテープを巻くように貼る

ボール

材料 新聞紙、ビニールテープ

  新聞紙を丸め、ビニールテープで巻く

大好きなにんじんをいっぱいあげよう
うさぎさん パクパク散歩

案・製作●いまいみさ

遊ぶ

にんじんどうぞ♪

うさぎさんににんじんをあげたら、ひもを引いて散歩に出かけましょう。コースの途中ににんじんを置いて、食べさせながら進んでも。

作る

うさぎさん

材料 ティッシュ箱、色画用紙、ひも

- ティッシュ箱の上面を切り取る
- 起こす
- 色画用紙
- ひも
- 底に貼る
- 結ぶ

にんじん

材料 折り紙

- 折り紙
- ピンキングばさみで切る
- 巻く
- 貼る
- 折り紙を巻く
- 軽くつぶす
- 切り取る

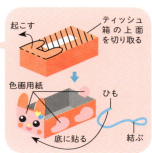

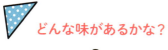

どんな味があるかな？
ペタペタ ドーナツやさん

案・製作●まーぶる

いらっしゃいませ！

遊ぶ

ドーナツができあがったらテーブルなどに並べ、ドーナツやさんごっこをしてみましょう。「何味ですか？」とたずねたり、バッグに入れて手渡したりと、やりとりを楽しみます。

作る

ドーナツ

材料　色画用紙、折り紙、丸シール

色画用紙を四つ折りにする　切る

ちぎった折り紙や丸シールを貼る

バッグ

材料　封筒、包装紙、リボン

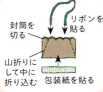

封筒を切る
リボンを貼る
山折りにして中に折り込む
包装紙を貼る

おいしそう〜

3歳児

作って遊ぼう！
参観日の親子遊び

2016年2月　初版第1刷発行

編　者／ポット編集部
発行人／浅香俊二
発行所／株式会社チャイルド本社
　　　　〒112-8512　東京都文京区小石川 5-24-21
　電　話／03-3813-2141（営業）　03-3813-9445（編集）
　振　替／00100-4-38410
印刷・製本／共同印刷株式会社

©CHILD HONSHA CO.,LTD. 2016　Printed in Japan
ISBN 978-4-8054-0246-7
NDC 376　24×19cm　72P

案・製作
あかまあきこ、アトリエ自遊楽校 渡辺リカ、
いまいみさ、岩立直子、尾田芳子、木村研、立花愛子、
まーぶる、宮地明子、山下きみよ、山本省三（50音順）

「成功のツボ」指導
横山洋子（千葉経済大学短期大学部こども学科 教授）

イラスト／北村友紀
作り方イラスト／おおしだいちこ、河合美穂、みつき
モデル／有限会社クレヨン、株式会社ジョビィキッズ
校正／有限会社くすのき舎
撮影協力／明照幼稚園

カバー・表紙・本文デザイン／株式会社リナリマ
撮影／小山志麻、林 均、安田仁志
編集／石山哲郎、井上淳子

チャイルド本社ホームページアドレス
http://www.childbook.co.jp/

チャイルドブックや
保育図書の情報が盛りだくさん。
どうぞご利用ください。

◆乱丁・落丁本はお取り替えいたします。
◆本書の内容の一部あるいは全部を無断で複写複製することは、法律で認められた場合を除き、
　著作権者および出版社の権利の侵害となりますので、その場合は予め小社宛て許諾を求めてください。